SOPA DE LIBROS

© Del texto: Eliacer Cansino, 2000
© De la ilustración: Federico Delicado, 2000
© De esta edición: Grupo Anaya, S. A., 2000
Juan Ignacio Luca de Tena, 15. 28027 Madrid

1.ª edición, septiembre 2000
2.ª impr., septiembre 2001
3.ª impr., septiembre 2002

Diseño: Manuel Estrada

ISBN: 84-207-1283-3
Depósito legal: M-35.753-2002

Impreso en ORYMU, S. A.
Ruiz de Alda, 1
Polígono de la Estación
Pinto (Madrid)
Impreso en España - Printed in Spain

Cansino, Eliacer
    Nube y los niños / Eliacer Cansino ; ilustraciones de Federico
Delicado. — Madrid : Anaya, 2000
    80 p. : il. col. ; 20 cm. — (Sopa de Libros ; 49)
    ISBN 84-207-1283-3
    1. Amor a los animales. 2. Ovejas. 3. Relación niño-animal.
I. Delicado, Federico, il. II. TÍTULO
    860-34

Nube y los niños

SOPA DE LIBROS

Eliacer Cansino

Nube
y los niños

Ilustraciones
de Federico Delicado

ANAYA

CONNOLLY

*Para mi hija María José,
que me ayudó a encontrar
las palabras olvidadas.*

Aún recuerdo el día que mi padre se presentó con una oveja en casa. Cuando la vimos en medio del salón, nos quedamos con la boca abierta y comenzamos a dar gritos de alegría. Hasta que mi madre entró y se nos quedó mirando sorprendida, sin hacerle mucha gracia.

—Solo por unos días —dijo mi padre cuando vio su cara de enfado—. Para que los niños la cuiden. Después, la llevaremos al campo.

Mi madre no quería animales en casa. En cambio, mi padre no desaprovechaba ocasión para traerlos y, cuando esto ocurría, ella se enfadaba y se pasaba todo el

día diciendo que los animales debían estar en libertad. Hasta que mi padre le quitaba el enfado con alguna palabra cariñosa, se reconciliaban y mamá, entonces, ponía una fecha límite, tras la cual el animal tendría que salir de casa. Mi padre, para no oírla, decía una y otra vez que estaba de acuerdo, que era razonable. Pero, después, se olvidaba de la fecha y era mi madre la que, tras varios días de espera, optaba por sacar el animal de casa. Aún recuerdo la llegada y salida de Sancho, el mochuelo; Hurón, el perro de aguas; Luciérnaga, la tortuga; y, esta vez, Nube, nuestra oveja.

Al llegar a casa, Nube apenas tenía unos meses. Era una corderita blanca, con lanas rizadas, las patas nerviosas, y la mirada confusa de quien, por encontrarse en un lugar extraño, no entiende nada de lo que le ocurre. Todo le resultaba nuevo e incomprensible: no entendía por qué en medio de la noche, de repente, se hacía de día al encender la luz, o por qué al abrir la puerta del congelador comenzaba a salir frío y niebla, como si el invierno estuviese encerrado en aquella caja.

Cuando nos conoció a mi hermano y a mí, recién llegada, Nube debió creer que el mundo estaba embrujado: acercábamos nuestras caras a la de ella y le hablábamos en el lenguaje, para ella extraño, de las palabras o nos poníamos a su altura, a cuatro patas, y nos comportábamos como si fuéramos ovejas.

Desde las esquinas le gritábamos:

—¡Beeee!

Y Nube con sus ojos confusos nos miraba sin entender nada, pues, ella jamás había visto a ninguno de los pastores hacer eso, ni a nadie.

Por el día se quedaba quieta en el centro del patio, como una estatuilla, sin moverse; y solo cuando nos escondíamos y la espiábamos por la rendija de la puerta, Nube se acercaba a los arriates de mamá y se comía las plantas.

—¡Fueeera! —la espantaba mi madre. Y ella otra vez se iba al centro del patio, como una estatua, alejada de todos los arriates, sin entender, igual que un niño que nunca ha ido al colegio y no sabe ni cómo hay que estar ni qué es lo que hay que hacer en la clase.

Por la tarde, cuando el sol dejaba naranjadas de luces en el aire, Nube cambiaba su mirada asustada por los ojos tristes del atardecer. Probablemente, se acordaba entonces de su madre, del calor de las otras ovejas en el aprisco, o del cielo sin forma, abierto, inmenso, que aquí, en nuestra casa, tenía la tristeza de todos los cielos encerrados en la geometría de los edificios.

Con aquella tristeza iba arrimándose a un rincón, sin tocar las flores, hasta echarse en el suelo en espera de que la noche le quitase el blanco de su lana, que era la manera que ella tenía de dormirse.

Pero eso fue al llegar, después, cuando ya llevaba dos días en casa, Nube perdió la vergüenza. Balaba mientras dormíamos la siesta, topaba con la testuz en la

puerta, se comía las flores de mamá, y cuando la veía ir hacia ella con la alpargata en la mano, saltaba por encima de los arriates, corría por el patio y, si mi madre la alcanzaba, daba saltos alocados y protestaba con su gemido:

—¡Beeee!

Cada día que pasaba era un suplicio para mi madre que dejaba su queja en el eco de la siesta.

—Antes de tres días estás tú en el campo. ¡So, Nubarrón! ¡Que me tienes las macetas destrozadas!

Entonces nos llamaba:

—A ver, ¿a quién le toca hoy sacar a la oveja?

Mi hermano y yo nos volvíamos diligentes antes de que mamá la emprendiese también con nosotros. Le atábamos un lazo al cuello, le colocábamos la campanilla, y sacábamos a Nube a la calle. Nada más ver la luz en la puerta, salía corriendo, tirando de la cuerda, casi arrastrándonos, hasta que llegaba, después de atravesar el camino viejo, bajo una gran morera, donde el suelo era de tierra y los tréboles crecían junto a las yerbas.

Poca yerba era aquella alrededor del árbol, y mientras ella atrapaba con sus labios los tréboles sin suerte, yo me subía a la morera e iba arrancando las hojas que dejaba caer desde lo alto como una lluvia de mariposas verdes que ella, a veces, lograba coger al vuelo.

—Se va a *hacé* un gusano de seda —decía Chico con su media lengua, mientras ella no paraba de comer.

—No se va a convertir en ningún gusano, pajarito, ¿acaso te has convertido tú en mirlo de tanto comer aceitunas? —le decía yo.

—Yo no soy *parajito* —se defendía acalorado, trabándose.

Y yo, desde arriba, lo enrabiaba más y más.

—Sí, pajarito, mira, te estás convirtiendo en mirlo. Mira, mira, ya tienes una cola y un pico amarillo...

Entonces, Chico se sacudía el trasero una y otra vez, asegurándose de que no

tenía ninguna cola y se agarraba la nariz para quitarse el pico amarillo que yo decía que le había crecido.

—¿Quieres una aceituna, mirlito? —le provocaba aún más desde arriba.

Hasta que Chico se enfadaba y regresaba corriendo a casa, lloriqueando, pidiendo que mamá le asegurase que por comer aceitunas él no iba a convertirse en pájaro. Después, volvía con churretes en la cara, de llorar y, desde lejos, advirtiéndome, gritaba:

—¡Mamá dice que te vas a enterar, que yo no soy un *pirlo*!

Chico trabucaba siempre las palabras y yo no lo remediaba. Al contrario, jugaba a confundirle todavía más:

—Ven, ven, Chico, no eres un *pirlo*, eres un *párajo*.

Mientras Nube comía, llegaban otros niños a verla. Todos querían coger la cuerda y llevarla por la calle como si fuera un perro de lanas. Pero Nube se resistía a ir de un lado para otro y apretaba sus patas contra el suelo y no había forma de moverla mientras comía debajo de la morera. Solo Clarito lograba despertar su curiosidad.

Clarito era el hijo de los Claros, los de la tienda de comestibles. Toda su familia tenía el pelo tan rubio que cuando les daba el sol parecía que la luz se posase en sus cabezas.

En nuestro pueblo nunca hubo muchos rubios, por eso a ellos les llamaban los Claros, y al niño Clarito. En la ciudad, a ninguno de nosotros nos llaman así, pero en el pueblo todos teníamos un apodo. Unas veces nos gustaba y otras no, pero nadie podía quitárselo.

Nosotros seguimos siendo los Perdigones. Dicen que porque mi abuelo cuando era niño recibió una perdigonada en el culo, y los perdigones se le quedaron dentro. Así que mi padre es Perdigones, y yo soy el Perdigón. Solo la maestra, doña Juliana, procuraba que mientras estuviésemos en la escuela no usásemos los motes y nos llamásemos por nuestros nombres, «que para eso están», decía.

A Clarito le gustaba hacer refrescos de vinagre. Su padre se lo tenía prohibido, porque, a su entender, el vinagre rebajaba la sangre, pero él no le hacía caso y continuaba haciéndolo a escondidas. A mí un día me hizo un refresco de vinagre y estaba riquísimo. Pero, por más que insistí, nunca quiso decirme la fórmula que, según él, inventó su abuela. Yo creo que no era otra cosa que agua con vinagre y azúcar, pero él lo negaba e insistía en que solo con su fórmula secreta era capaz de hacerlo.

Clarito tenía dos fórmulas secretas: la del refresco de vinagre y la de cómo había que poner la boca para emitir ruidos extraños.

Clarito silbaba, rechiflaba, eructaba, y sobre todo reproducía las voces de todos los animales. Pero nunca nos dejaba ver cómo lo hacía. Se volvía de espaldas o se colocaba detrás de un árbol mientras los niños le pedíamos que hiciera el grito de los animales:

—Clarito, el búho —decía alguien.

Y tras el árbol se escuchaba:

—Uh-uh, uh-uh, uh-uh.

—La vaca —decía otro.

Y él:

—Muuuuu...

—El jilguero.

—Pituuurruiii, pituuuurrrui.

—El sapo.

—Croac, croac.

—El mono

—Hipp,hipp,guaggg.

—La serpiente.

—Psssss, psssss.

—La boa.

—Pssssiff, pssssiff .

—La cobra.

—Sssssuifff, sssssuifff.

Yo creo que estos últimos se los inventaba, porque Clarito solo conocía las culebras, aunque él dijera que en el circo vio una pitón.

—¡La pitón! —decíamos siempre al unísono. Y él:

—¡¡Pssgagggg, psssgaggg!!

A Chico le encantaba oírlo y siempre que se encontraba con él le pedía que hiciera el murciélago.

—*Carito*, *Carito*, haz el *murciégalo*.

Y Clarito, entonces se agarraba las orejas, se las ponía de punta y emitía un silbido fino, insistente, agudísimo, que nos obligaba a todos a taparnos los oídos.

—¿Lo veis? No lo podéis soportar, porque es un ultrasonido.

Y a continuación siempre explicaba:

—Los científicos inventaron el radar copiándolo de las orejas de los murciélagos.

Pero, de todas las voces, la que mejor imitaba era la de los animales del pueblo: el mugido de la vaca, el relincho del caballo, el rebuzno del burro, el gruñido del cerdo y, también, por supuesto, el balido de la oveja. Sí, con la oveja era perfecto. Por eso, solo Clarito lograba atraer la atención de Nube.

Se escondía detrás de unos setos y comenzaba a balar:

—¡Beeee, beeee! —pero tan bien que era para oírlo.

Entonces, Nube se desconcertaba, dejaba de comer, movía las orejas, giraba la cabeza y durante un tiempo permanecía alerta intentando adivinar de dónde venía esa voz semejante a la suya. Clarito no cejaba:

—¡Beeee, beee,beeee!

Y Nube, indecisa, por fin arrancaba a andar y se acercaba al seto. Y, cuando metía su cabeza entre los matorrales, descubría a Clarito, que aunque seguía haciendo «beeee», ahora más bajo, ya no engañaba a nadie, a cuatro patas, con su cara falsa de niño-oveja.

Otras veces hacía el lobo, y su aullido asustaba tanto a Nube que tiraba de la cuerda, salía corriendo y se nos escapaba.

—¡Clarito, como hagas el lobo te vas a enterar! —decía yo, para que se callara. Y era verdad, porque cuando hacía el lobo, Nube se ponía muy nerviosa y pasaba toda la noche intranquila, moviéndose en el patio, intentando huir de las sombras en las que creía ver llegar la figura terrible de su eterno enemigo.

Una semana era el plazo que mi madre había dado para que Nube saliera de casa. No porque no la quisiera, pues tan pequeña, tan suave, tan viva, con los ojillos celestes tristísimos, todo el mundo le cogía cariño. Pero mamá tenía que defender sus macetas y a esas alturas ya tenía destrozados todos los arriates. Además, Nube dejaba cagarrutas por todos sitios, perlitas negras que aparecían donde menos te lo esperabas: en la cocina, tras las butacas, en el patio...

Nube tenía que irse en la tarde del domingo siguiente. Ese era el plazo. Y nadie, excepto mi madre, quería que llegase el domingo. Mi madre decía:

—Pero ¿qué pena os da? Ella quiere estar en el campo, con las otras ovejas. ¿Os gustaría a vosotros que os llevaran a vivir con animales, lejos de papá y mamá, sin que pudieseis ver a vuestros amigos?

Chico que no quería atender a razones decía que sí, que él quería vivir con *alemanes*.

—Animales —le corregía mamá.

Pero yo me imaginaba en medio de un rebaño, asomando la cabeza entre todas las ovejas y, la verdad, me veía extraño, sin saber qué hacer cuando todas se pusieran a mirarme y a decirse unas a otras:

—Mirad, no tiene lanas. ¡Y qué nariz tan grande!

¡Uff!, no quería ni pensarlo. Incluso me daba mucha pena porque pensaba que tal vez a Nube le ocurría también eso y se sentía observada, sin entender nada de lo que nosotros decíamos.

Pero, aunque quizá llevaba razón mi madre y lo mejor era que volviera al campo, aparentemente ella no parecía estar descontenta. Había aprendido a jugar con los niños y, cuando le poníamos un capote delante, embestía y topaba y dejaba caer al que hacía de torero.

Y en el patio se entretenía sola y jugaba a perseguir a las mariposas que revoloteaban alrededor de ella y, cuando se le ponían sobre la nariz, intentaba cazarlas:

—¡Mira qué salto ha dado! —gritaba Chico— seguro que está *rabietada*.

Los domingos por la tarde, cuando mi padre veía los partidos de fútbol en la televisión, la casa se iba poniendo triste. Solo se oía el chismorreo del locutor, tan pesado. La luz se escapaba de las habitaciones y los pasillos se quedaban casi a oscuras, y yo me daba cuenta de que la tristeza del *seacabóeldomingo* entraba ya por las ventanas.

Al fondo, mi padre, echado en el sofá, seguía solo pendiente de los goles. Mi madre sacaba la costura y aprovechaba el ratito y se ponía en el balcón donde había más luz. Yo la veía como ensartaba en la aguja los últimos rayos de sol y con ellos por hebras cosía los vestidos. Por eso sus vestidos eran siempre tan hermosos, tan vivos, tan llenos de luz.

Fue entonces, cuando mamá echó en falta a Chico. Desde hacía un buen rato no se le escuchaba. Apartó la máquina de coser y fue a ver a su habitación.

—Pero ¿qué te pasa? —dijo al verlo hecho un ovillo, tumbado en la cama—. A ver.

Le puso la mano en la frente.

—Este niño tiene fiebre —dijo en voz alta, para que mi padre se enterase—. Te dije que no bebieras agua fría. Seguro que has cogido un enfriamiento.

Mi madre recogió el vestido que estaba cosiendo, cerró la máquina y fue a buscar el termómetro. Volvió por el pasillo agitándolo con fuerza en el aire. Su punta plateada era una luciérnaga que subía y bajaba. Volvió a la habitación. Le desabrochó a Chico el chaleco y le colocó debajo de la axila la barrita de cristal. Chico apretaba el brazo.

El termómetro parecía un instrumento con vida, siempre estaba a punto de escaparse y caerse al suelo. Además, por más que lo intentaba, yo nunca lograba verle el mercurio. Mi padre, en cambio, lo tomaba entre los dedos, lo giraba levemente a un lado y a otro y daba cuenta de la temperatura.

Cuando mi madre extrajo el termómetro, lo elevó al aire, lo miró detenidamente y frunció el ceño con un gesto de disgusto :

—Claro que tienes fiebre. Anda —me dijo— ve y tráeme una aspirina y un vaso de agua.

Por la noche también tuvo fiebre. Yo casi no me daba cuenta, pero de vez en cuando, entre sueños, oía ruidos y veía a mi madre que entraba y salía de la habitación para ver cómo continuaba.

Al día siguiente vino el médico y dijo que era sarampión. Chico tenía ya el pecho volado de pintitas rojas y los ojos muy tristes.

—Bueno, ya sabes —le dijo papá—, ahora tendrás que estar en cama varios días.

Chico le miró con los ojos cargados por la fiebre, y con la vocecita de enfermo, dijo:

—Yo no quiero que se vaya Nube.

Con el desconcierto de la enfermedad nadie se había acordado de Nube desde

el día anterior. Y en efecto, ahora nos dábamos cuenta de que Nube tenía que haberse marchado ya.

Me asomé a la ventana del patio y la vi echada, pacífica, rumiando el desastre en que había convertido las flores de mamá. Como nadie se había ocupado de ella, creyó que, al fin, tenía permiso para comerse todas las macetas y, sin pensarlo dos veces, se zampó cuantas plantas estaban a su alcance.

Pero mamá no se preocupó de sus macetas durante todo el tiempo que duró el sarampión; y la desventura de mi hermano se convirtió en la fortuna de Nube.

—Mamá que no se vaya Nube —repetía Chico una y otra vez.

Y mamá viéndole la carita encarnada y los ojos que se le iban al sueño no le contradecía.

—No te preocupes, mi niño, Nube está en el patio y no se irá hasta que tú te pongas bien.

Una semana tardó Chico en poder levantarse de la cama y otra semana en poder salir a la calle. En aquellos días los amigos venían a casa para visitarle, pero le saludaban desde lejos, no fuese a contagiarles el sarampión. Era Chico más bien quien se asomaba a la ventana del patio y veía a los niños jugar con Nube, que ya casi era doméstica. Entre los muchachos que venían a vernos siempre estaba Pastori, nuestra vecina de al lado, que cantaba muy bien e imitaba a las artistas de televisión.

Con ella, un día, pensamos hacer un teatro para entretener a Chico:

Clarito sería el Monstruo de la cueva y tendría voz de monstruo:

—¡¡¡Groorrrggg, grorrrgg!!! —pero muy fuerte, muy oscura.

Pastori haría de Pastora; se sentaría debajo del limonero y cantaría una canción muy hermosa y muy dulce, mientras buscaba tréboles de cuatro hojas.

Yo sería el Pastor y estaría en el campo con mi oveja que se llamaría Nube.

Lo hicimos así:

SE ABRE EL TELÓN
(En el centro de la escena el Pastor y la Pastora dialogan).
PASTOR— *(Con voz potente).* ¡Nuuubeee! ¡Ven aquí! *(Se acerca a la oveja que está distraída pastando y le habla al oído).* Te tengo dicho que no te alejes. Puedes perderte.
PASTORA— *(Mirando al cielo).* ¡Qué buen día hace! Creo que hoy el sol está muy contento.
PASTOR— *(Sigue hablando con la oveja).* Si te vuelves a alejar tendré que atarte. *(Después se acerca por detrás, sin hacer ruido, muy despacio, hasta la pastora y, sorprendiéndola, le tapa los ojos con las manos. Pone una voz falsa).* ¿Quién soy?
PASTORA— *(Le acaricia las manos)* Eres... eres... ¡No eres!
PASTOR— ¿En qué quedamos: soy o no soy?
PASTORA— No eres una mujer.
PASTOR— ¿Por qué lo sabes?

PASTORA— Tienes pelos en las manos. Y...*(le coge los dedos y le toca las uñas)* ¡Ya sé quién eres! ¡El pastor!

PASTOR— *(Da la vuelta y se coloca frente a ella).* ¿Cómo lo has adivinado? Ni que yo fuera un mono.

PASTORA— Tienes las uñas comidas y tú siempre te estás mordiendo las uñas. Y mientras te comas las uñas nadie va a quererte.

PASTOR— Ni a ti tampoco te querrá nadie si sigues hablando sola. ¿Qué decías antes?

PASTORA— Que el sol hoy está muy contento.

PASTOR— Cada día dices cosas más raras. El sol no puede estar contento. El sol no tiene ni alegría ni tristeza. El sol no es una persona. Cuando hay nubes se oscurece y cuando no, brilla. Eso es todo.

PASTORA— Eso lo dices tú porque no entiendes el lenguaje del sol. Todas las cosas tienen su lenguaje. Hablan. Pero si no las entiendes es como si no las oyeses.

PASTOR— ¿Y cómo habla el sol?

PASTORA— Con la luz.

PASTOR— *(Incrédulo).* ¿Sí? ¿Y qué dice?

PASTORA— Cuando está contento habla con todo el mundo: habla con los pájaros y colorea sus plumas, entra en las casas e ilumina las habitaciones, saluda a las personas y las hace sonreír... *(De pronto, una nube cruza el cielo y deja una sombra sobre el prado).*

PASTOR— *(Burlándose).* ¿Y ahora, qué? ¿Ahora, qué ocurrió? ¿Ha enmudecido?

PASTORA— *(Enfadada).* Pues sí. Y, además, está triste. Alguien habrá bajado las persianas para que el sol no entre en su casa y por eso se ha entristecido. No le gusta que le dejen fuera.

PASTOR— *(Llamando otra vez a su oveja).* ¡Nuubeee! ¡Ven aquí! *(Dirigiéndose a la Pastora).* No te creo. *(Se vuelve y señala la cueva del fondo).* ¿Ves esa cueva? Allí nunca quiere entrar el sol.

(Al fondo hay una cueva hecha con dos sillas y una manta por encima. El interior está muy oscuro).

PASTORA— Sí quiere entrar. Pero no le deja. Esa es la cueva del monstruo. Y el monstruo no quiere hablar con el sol porque el monstruo no quiere hablar con nadie; solo quiere hacer daño. Por eso vive en la oscuridad. Si dejara entrar la luz, dejaría de ser un monstruo. Con luz, sería bueno y entonces, también, sería bello.

MONSTRUO— *(Despertándose. Desde la cueva, Clarito pone voz de monstruo).* ¡¡¡Gorrrggg, agggrrrr!!!

PASTOR— ¡Escucha! El monstruo se ha despertado, será mejor que nos vayamos. Si nos ve aquí, vendrá a por nosotros con sus grandes zancadas y no podremos escapar...

(En ese momento, el monstruo, con un trapo negro por encima y las manos como garras, sale de la cueva dando terribles gritos. Nada más aparecer, el sol se esconde definitivamente y deja el escenario nublado. El monstruo, al ver a los pastores, va tras ellos dando grandes pasos).

PASTORA— ¡Corre, corre! ¡Va a cogernos!

PASTOR— ¡Espera! ¡Tengo que salvar a mi oveja! Ella no sabe lo que es un monstruo y no saldrá corriendo. Solo huye de quienes antes le han hecho daño...

En ese preciso instante, Clarito, disfrazado de monstruo, se precipitó sobre nosotros con una voz tan horrible que hasta Chico se tapaba los oídos. Pero Nube, que no entendía nada de aquello, ni comprendía que estábamos haciendo una obra de teatro, al ver llegar la figura del trapo negro gritando, se asustó de tal manera que dio un salto de antílope y se saltó la verja que impedía la subida a la azotea.

Chico, desde la ventana, olvidándose de su sarampión, gritó:

—¡Qué se escapa!

¡Dios mío! Nube había comenzado a subir a trompicones por la escalera y nosotros, al ir tras ella, la espantábamos aún más.

Cuando llegamos arriba, Nube estaba tan asustada que se había acercado hasta la baranda del pretil; y al aparecer Clarito con el trapo negro aún sobre la cabeza, Nube, alocada, traspasó la baranda y se colocó en el alero, al aire, a una cuarta del vacío.

—¡Quieta, Nube! —grité.

Los tres nos paralizamos. Nube estaba a punto de caer a la calle.

A cada paso que dábamos, Nube se ponía más nerviosa y andaba por la cornisa.

—¡Clarito, quítate de una vez ese trapo! —le dije para que dejase de asustarla.

Clarito se deshizo por fin del disfraz y lo dejó en el suelo. Nube miraba el trapo como si el monstruo se hubiese transformado.

Si intentábamos acercarnos, ella retrocedía.

—Nube, bonita, ven aquí. Somos tus amigos —le decía intentando atraerla.

Pero Nube tenía tanto miedo que no entendía nada de lo que estaba pasando. Entonces, se me ocurrió una idea: les dije a Clarito y Pastori que noa pusiéramos a cuatro patas, como si también fuésemos ovejas y que Clarito la llamase con su balido.

Clarito, tan nervioso como nosotros, se olvidó esta vez de ponerse de espaldas. Alargó la mandíbula, puso cara de oveja, con los ojos un poco en blanco y comenzó a balar.

—Beeee..., beeeeee...

Al oírlo, Nube pareció tranquilizarse y mirándonos de reojo se acercó aún más a los jaramagos de la cornisa. Ahí fue donde por primera vez estuvo a punto de caer: resbaló, pero aún pudo equilibrarse y sostenerse en el alero.

Debió de sentir mucho miedo, porque se quedó inmóvil, paralizada, como si de repente se hubiese dado cuenta del peligro que era haber llegado hasta allí.

—¡Bajad de la *escarela*! —escuchábamos la voz de Chico que volvía a trabucar las sílabas.

Fue entonces cuando recordé mis ejercicios de magnetismo. Lo había visto ha-

cer en el circo: Tenía que fijar la mirada en un objeto y repetir, como el mago, una y otra vez una palabra que se pareciese a la cosa que quería transformar. Y aunque nunca había tenido éxito, estaba seguro de que esta vez saldría bien. Fijé mi vista en Nube, puse todos mis cinco sentidos y, sin cansarme de repetirlo, comencé a decir:

—Eres una abeja, eres una abeja, eres una abeja. Si te caes volarás, volarás, volarás...

En ese momento Nube volvió a intentar alcanzar el jaramago y alargó el cuello hasta la florecilla. Bastó eso: la pata trasera resbaló y se salió del alero. Con la otra intentó recomponer el equilibrio y lo estropeó aún más. Y antes de que pudiésemos hacer nada, Nube se caía al vacío. Entonces, con una voz que asustó al mismísimo Clarito, grité:

—¡Vuela! ¡Vuela! ¡Eres una abeja!

En ese instante el cuerpo de Nube se cubrió de listas oscuras y unas alas transparentes le crecieron a ambos costados. Yo no veía ya otra cosa, ni los tejados de enfrente, ni la gente que alarmada se había concentrado en la calle. Solo veía una abeja grande con la cara de Nube, que agitaba nerviosa las alas al ritmo de mis palabras, y de la que yo no podía desviar la mirada si quería evitar que se cayese.

—¡Vuela, vucla, vuela...! —insistía.

En ese momento, Chico, que se había escapado de su cuarto, subió también a la azotea, donde mamá le tenía prohibido subir. Yo no lo vi llegar, solo oí su voz, su grito de alarma:

—¡Que se cae la oveja!

Y esta vez no se equivocó.

Se equivocaba siempre, decía *murciégalo* en vez de murciélago, *parajito* en vez de pajarito, *semárofo* en vez de semáforo..., pero esta vez no se equivocó. Gritó: oveja en vez de abeja. Era la única vez que hubiese hecho falta que trabucara sus palabras y... no lo hizo:

—¡Que se cae la oveja! —repitió sin darse cuenta del desastre que provocaba.

Sus palabras rompieron la magia de las mías y, en ese momento, el milagro se deshizo: Nube recobró su lana y sus alas transparentes se esfumaron. Y se quedó sola en el aire. Ya solo Nube, pero no de algodón sino de oveja. Mis ojos, ahora sin magnetismo, sin fuerza, se cruzaron un instante con los suyos asustados y, sin más, desapareció.

Al fondo, los vecinos gritaron al verla caer.

Yo no bajé deprisa. Me quedé unos segundos quieto. Clarito y Pastori bajaron a toda velocidad. En la calle se oían las voces de las personas que se habían reunido al ver caer a Nube desde la azotea. Escuché a mi madre, asustada, preguntar por mí. Solo entonces me levanté y me asomé al pretil. Abajo, en la calle, había un corro y en el centro estaba Nube tendida en el suelo, inmóvil.

Al verme, mi madre me ordenó que bajase. Lo hice despacio, pensando en cada escalón la desgracia que nos había ocurrido. Cuando llegué, Pastori tenía lágri-

mas en los ojos y Chico estaba agachado acariciando a Nube que no se movía. Clarito se puso a hacer la ambulancia, hasta que yo me acerqué y, al verme con los ojos enrojecidos, a punto de llorar, pensó que era mejor dejarse de bromas.

—Mamá, mamá —preguntó Chico, con toda claridad, sin equivocarse, como un niño mayor—, ¿verdad que Nube se ha muerto?

Mi madre no le contestó y me miró a mí, porque sabía que era a mí a quien más pena iba a dar la desgracia de Nube.

—Anda, quitadla de la calle —dijo.

Yo me agaché y la tomé en brazos. Al verme así, con ella, no sé por qué, pero me acordé de la estampa de mi primera comunión, en la que también se veía al Niño Jesús llevando una oveja . Después, me abrí paso entre la gente y volví a entrar en casa.

Cuando la dejé sobre una silla, me fijé en sus ojos que estaban ahora ausentes, ni tristes, ni alegres, solo celestes, como si el cielo le hubiese entrado dentro.

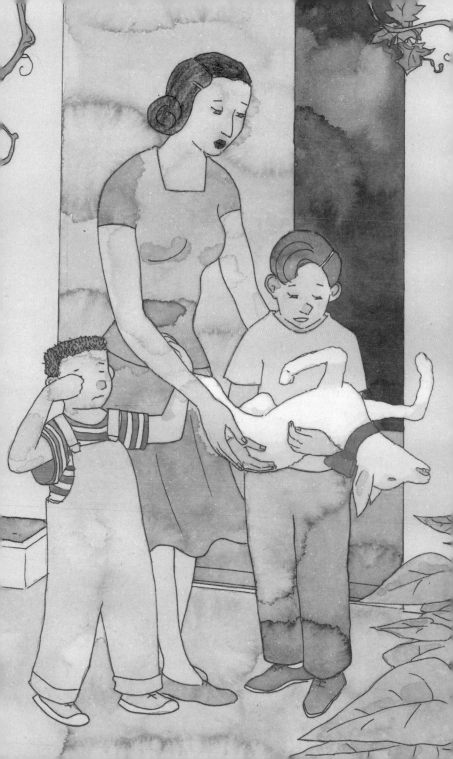

Mi madre iba de un lado para otro nerviosa, y yo le oía protestar:

—Eso pasa por traer animales a casa. Mira que se lo tengo dicho a tu padre. ¡Ea! Ahora, esto.

Y, como si de pronto se acordara otra vez del peligro que habíamos corrido, se volvió y le dio un cate a Chico en el culo.

—¿Y a ti quién te ha dado permiso para subir a la azotea? Que no te vuelva yo a ver. ¿Te enteras? Y le volvió a zumbar.

Chico se ponía de puntillas, estirándose para escurrirse y en cuanto pudo se quitó de en medio y se metió en su cuarto. Entonces mi madre se dirigió a mí:

—Y tú, con lo mayorcito que eres, ¿no se te ocurre otra cosa que subir a la azotea con la oveja?

Fui a responder, pero ella me lo impidió:

—Sí... ya sé... tú nunca tienes la culpa de nada.

Entonces a mí se me saltaron las lágrimas y ya no quise dar explicaciones.

Por la tarde, Pastori vino a verme y me dijo que había que enterrar a Nube, que eso era lo que ella hacía siempre con sus gorriones, en el arriate de su casa. Me pareció bien y pensé que el mejor sitio para ella sería en las huertas, donde tantas veces habíamos ido a pastar.

Clarito trajo de su casa un patín y yo busqué en el cuarto de los trastos un cajón de los que usábamos para las patatas. Con una cuerda atamos el cajón sobre el patín y, aunque se tumbaba para los lados, logramos con cierta maña que aquello se convirtiera en un carrito para trasladar a Nube.

Pastori, rebuscando en su casa, encontró un trozo de colcha vieja y se lo colocamos por encima. Parecía así, Nube, un niño feo dormido.

A mamá ya se le había pasado el enfado y en el fondo se reía de vernos a los tres tan serios, tan afligidos, probando el cochecito con Nube antes de salir. Chico dijo que quería ir también y mamá le dio

permiso con la condición de que no fuese a correr y se pusiese a sudar.

Salimos a la calle los cuatro. Clarito y yo tirábamos de una cuerda que habíamos amarrado en el extremo del patín y Pastori y Chico iban a los lados, atentos por si el carro se volcaba. Al cruzar el Llano, los vecinos se asomaban a vernos y aunque, cuando les mirábamos, ponían caras serias, a mí me pareció que se reían. Pero a nosotros nos daba igual, porque ellos no tenían nada que ver con Nube.

En el trayecto el cajón se nos atascó varias veces y tuvimos que desbaratar el carro y volver a clavetear una de las ruedas. Al pasar por los vallados, las vacas se asomaban a vernos con sus cabezotas enormes llenas de moscas y mugían con fuerza, sorprendidas por la comitiva.

Decidimos dejarla debajo de la morera, porque así sabríamos siempre donde se hallaba y porque a Nube le gustaban mucho sus hojas y cuando llegase mayo caerían sobre la tierra moras dulces y lo dejarían todo cubierto de azúcar.

Clarito sacó la lima que llevaba cogida al cinturón y comenzó a escarbar. Después, cuando se cansó, empecé yo. Una de las veces, al ahondar en el suelo, tropecé con una lata de conservas y, al sacarla se nos ocurrió que podíamos poner dentro un mensaje con nuestros nombres; pero ninguno teníamos papel ni lápiz y metimos, entonces, su lazo rojo y la esquila, como un pequeño tesoro. Y a su lado, Nube.

Cuando todo estuvo terminado, alisamos la tierra y sobre ella, con piedrecitas, escribimos:

N U B E

Mientras tanto, Pastori había recogido unos palos y atándolos con la cuerda de mi trompo, hicimos una cruz para clavarla en el suelo.

—Ya está —dije—. Ahora podemos irnos.

Clarito recogió su patín y, tirando de él, lo llevaba a rastras por todo el camino. Chico me dio la mano, como si te-

miera a las sombras de los árboles que comenzaban a estirarse por el suelo. Pastori venía detrás y, de vez en cuando, volvía la cabeza y miraba el sitio donde la habíamos dejado.

Regresábamos los cuatro en silencio, sin atrevernos a hablar, muy tristes. Solo el ruido de las ruedas del patín, tropezando con las piedras, se dejaba oír en el eco del aire. Cruzaban rápidos los pájaros de un lado para otro buscando los árboles donde habrían de pasar la noche. El sol, al fondo, muy bajo, enviaba luces violetas que las vacas guardaban en sus ojos antes de acostarse.

Cuando iniciamos la curva del camino, nos volvimos los cuatro para mirar atrás. Bajo la morera ya era casi de noche y no podía verse la crucecita de Nube.

—Anda, vámonos —dije—, mamá estará esperándonos.

Al entrar en el pueblo, Chico alzó el brazo y señalando con el dedo dijo:

—¡Mira! Ya han salido los murciélagos.

Y esta vez lo dijo bien, murciélago, como si por fin hubiese aprendido el orden de las palabras.

Varios días después, Chico y yo, volvimos a donde habíamos dejado a Nube. Atravesamos el camino viejo y, de pronto, encontramos una ovejita que pastaba fuera de la cerca donde estaban otras ovejas. Chico, al verla, quiso acariciarla, pero yo le dije:

—No la toques. Vas a asustarla.

Se parecía tanto a Nube que por un momento creí que era ella. Continuamos la marcha y no muy lejos de la morera vimos la cruz caída. Nos acercamos corriendo y, al llegar, comprobamos que el agujero estaba vacío y que Nube no estaba allí.

—¿Qué ha pasado? —preguntó Chico.

—¡No está!

—¿Habrá resucitado?

—No seas tonto —le dije—. ¡Cómo va a resucitar!

Sin dar tiempo a más, Chico regresó corriendo por donde habíamos venido.

—¿Adónde vas, Chico? Vuelve aquí —le llamé.

—La ovejita que vimos en la cerca era Nube —gritó—. Estoy seguro.

Corrí tras él hasta alcanzarle. Cuando llegamos al sitio donde la habíamos visto, la ovejita ya no estaba. Probablemente había cruzado al otro lado y se había unido al rebaño.

Chico comenzó a llamar:

—¡Nuubee, Nuuubeee!

Las ovejas nos miraban con la cara de sorpresa de quienes no entienden nada.

—Déjalo, Chico. No puede ser ella.

Chico continuó gritando. El pastor, al oírnos, se levantó de debajo de un árbol y vino hasta nosotros.

—¿Qué os pasa? ¿Por qué gritáis?

—Hemos visto una oveja pequeña y creemos que es nuestra.

El pastor contestó que no había ovejas pequeñas en aquel rebaño y para asegurarse mandó a su perro a confirmarlo. El perro comenzó a ladrar, como si entendiese a la perfección el recado, y dio varias vueltas en torno al rebaño.

—¿Veis? Si hubiese una oveja pequeña, Barbas, la habría encontrado.

¡Barbas! ¡Menudo nombre para un perro!, pensé. Pero a Chico le hizo tanta gracia que se olvidó de Nube y por el camino de vuelta decía que quería un perro y que le pondría de nombre Barbas.

Cuando entramos en el pueblo, a mí se me había quitado la tristeza por Nube y pensé en lo que Chico había dicho, que había resucitado; y aunque no podía creerlo, deseé que fuese verdad.

Escribieron y dibujaron...

Eliacer
Cansino

—*Eliacer Cansino nació en Sevilla en 1954. Desde hace ya algunos años su interés por el mundo infantil y juvenil se refleja en sus libros. Es profesor de Filosofía en un instituto, lo cual le permite mantener un contacto diario con los jóvenes y establecer un diálogo vital y reflexivo. En 1997 recibió el Premio Lazarillo. ¿Cuál fue su primer libro para niños?*

—Hace ya tiempo escribí *El maravilloso Sr. Plot*, un cuento fantástico que trataba de sueños y realidad; después, he tenido que esperar casi diez años para encontrar otra vez la voz literaria para hablarle a un niño.

—*¿Existe algún recuerdo de su niñez en el que se haya basado para escribir este libro?*

—La semilla de esta historia no pertenece a la infancia, pero la atmósfera, las impresiones del paisaje y las escenas familiares son deudoras de mi memoria infantil. Aunque fui un niño urbano, viví en esos márgenes fronterizos donde se acaba la ciudad. Solo un paso y ya habías cruzado al otro lado. Era fácil entonces encontrar animales, cogerlos, llevarlos a casa. La ruptura entre campo y ciudad aún no era tan marcada para los niños de mi generación. Por eso ahora es más importante, si cabe, mantener la presencia de la naturaleza en la vida del niño.

—*¿Cree que el contacto con los animales y la naturaleza es beneficioso para desarrollar el afecto, la sensibilidad y la fantasía en el juego durante la infancia?*

—Sobre todo el afecto y la sensibilidad. Cuidar a un animal o a la naturaleza es preocuparse por algo distinto de uno mismo y esa preocupación es la base de cualquier acto generoso. Por otra parte, los animales y las plantas nos acompañan en el milagro de la vida y nos ayudan a perfilar nuestro propio lugar en el mundo. Sin ellos nuestra desorientación sería aún mayor.

Federico
Delicado

—*¿Cuáles fueron sus inicios en la ilustración de libros?*

—A finales de los setenta, mientras estudiaba Bellas Artes, trabajé en una pequeña editorial de libros infantiles. Ilustré un texto de María Puncel, de quien guardo un grato recuerdo. Desde entonces me dedico a esto del dibujo y sus alegrías.

—*Hasta hace poco ha colaborado en prensa. ¿La síntesis que exige este trabajo le ha facilitado la elaboración de la ilustración de libros?*

—Toda ilustración es síntesis, de lo contrario estaría de más; nos bastaría con las imágenes que evoca el propio texto para pintar sus luces y sus sombras. No es función de la ilustración adornar, embellecer, completar o enriquecer el lenguaje escrito, sino extraer de él un pretexto compatible con el lenguaje del dibujo. Esto es igual de válido para la ilustración de libros o artículos periodísticos.

—*¿Cuáles son los aspectos de la obra que le han parecido más conmovedores a la hora de realizar las ilustraciones?*

—Cuando los niños transportan a Nube en el cajón para las patatas, atado al patín de Clarito, cubierta la oveja por el trozo de colcha vieja de casa de Pastori. Luego, el enterramiento y la solemnidad de la despedida bajo la morera; el nombre de Nube con piedrecitas.

OTROS TÍTULOS PUBLICADOS
A partir de 8 años

Mi primer libro de poemas
J. R. Jiménez, Lorca y Alberti

Un libro de poemas tiene una magia parecida a los cuentos donde aparecen varitas de oro que transforman lo que tocan. Los poemas tienen también secretas palabras para transformar las cosas.

La sirena en la lata de sardinas
Gudrun Pausewang

¿Se puede encontrar una sirena en una lata de sardinas? ¿Puede una princesa convertirse en un dragón? En este libro encontrarás estas historias y otras aún más fantásticas.

Por caminos azules...
Antología de Jaime G. Padrino

Arrullo de nanas, canciones de corro, la señora
Luna, el vestido blanco, un banco en el parque, la
caligrafía... son algunos de los temas que recrean
la más viva tradición popular en poemas de ayer
y de hoy, recogidos en esta antología.

Marina y Caballito de mar
Olga Xirinacs

Los habitantes del mar guardan muchos secretos.
Para descubrirlos, solo se necesitan unas gafas
submarinas o tener alerta todos los sentidos desde la
playa o frente a la ventana: Son momentos para sentir
la poesía en una adivinanza, en un guiso de la abuela,
en los juegos de arena, la barca del pescador...

Charly, el ratón cazagatos
Gerd Fuchs

En el País de la Buena Hierba, la vida transcurriría
tranquila si no fuera por lo que molestan algunos
personajes, como el gato Schultz. Charly, un
simpático ratón, listo y audaz, tendrá que
enfrentarse a más de un enemigo...

Los traspiés de Alicia Paf
Gianni Rodari

Alicia Paf no se sorprende si va a parar a una
página llena de ilustraciones y habla con el Lobo
o si cae dentro del tintero o se mete dentro de
una pompa de jabón... Ella siempre sale airosa
de sus fantásticas aventuras, a pesar de los
muchos traspiés que da.

El bellaco durmiente
Dimas Mas

Elia y su hermano siempre escuchan las historias
que su abuela les cuenta antes de dormirse, como
aquella que trata de lo que le ocurrió a su padre
cuando era niño: un buen día, decidió vivir con los
ojos cerrados. Solo fue eficaz la ayuda de un buen
amigo, que también necesitaba ayuda...

Diecisiete cuentos y dos pingüinos
Daniel Nesquens

¿Qué pasaría si en una calurosa tarde de toros
termina navegando un barco en medio de la plaza?
¿Y si unos espaguetis se enderezan al son de la
flauta? Cosas así ocurren en estos cuentos... y
es que ser un buen observador es fundamental.

Los negocios del señor Gato
Gianni Rodari

¿Puede existir algo más suculento que un ratón en lata? Es lo que el señor Gato pretende vender en su reciente tienda de alimentación. Para ello cuenta con una cajera y un ayudante muy eficaces...

El Palacio de Papel
José Zafra

En la biblioteca de un viejo caserón vive una familia de ratones, que se dedica a «comer lo que lee y a leer lo que come»: allí, en la Enciclopedia, parece como si las palabras se transformaran en cosas. Pero un buen día llega Justino, un ratón de campo. Entonces...

Cuentos para todo el año
Carles Cano

A Clara le encanta visitar a su abuela Aurora, porque es tan cariñosa y encantadora... Además, Pompeyo, el jardinero, le suele contar unas historias maravillosas, como la de los juguetes que se rebelaron, la del hada que se olvidó de «inaugurar» la primavera, el caso del niño que apagó la luna...

A la rueda, rueda...
Antología de de folclore latinoamericano

Pedro Cerrillo

Antología de poemas latinoamericanos de
cinco tipos diferentes: Adivinanzas, Canciones
escenificadas, Suertes, Burlas y Trabalenguas,
en las que los niños, a un tiempo, pueden ser
emisores y receptores.